JN410138

기수역의 탈선

김경수 시집

기수역의 탈선

초판인쇄 2019년 9월 19일
초판발행 2019년 9월 25일

글_ 김경수
발행인_ 이현자
발행처_ 도서출판 현자

등 록_ 제 2-1884호 (1994.12.26)
주 소_ 서울시 중구 수표로 50-1(을지로3가, 4층)
전 화_ (02) 2278-4239
팩 스_ (02) 2278-4286
E-mail_001hyunja@hanmail.net

값 13,000원

2019 © 김경수 Printed in KOREA

무단으로 내용의 일부를 인용하거나 복사, 발췌를 금합니다.

ISBN 978-89-94820-50-7 03810

이 도서의 국립중앙도서관 출판예정도서목록(CIP)은 서지정보유통지원시스템 홈페이지(http://seoji.nl.go.kr)와 국가자료종합목록 구축시스템(http://kolis-net.nl.go.kr)에서 이용하실 수 있습니다.(CIP제어번호 : CIP2019036494)

기수역의 탈선

김경수 시집

도서출판 연자

시인의 말

부끄러운 얼굴

훼손되지 않는 자연에서 시의 길을 묻고 시인의 길을 시름겨워 하면서도 가고 있다.

참 많이도 변화된 미루나무 신작로를 걸으며 시나브로 넘어가는 해를 바라본다.

시 앞에 겸손해야 한다는 신조만은 안고 가겠다는 다짐을 한다.

지나온 시간과 오늘의 삶의 무게를 만지작거리며 어떤 상황에서도 항상 감사하는 마음을 되뇌지만 돌아서면 거짓말이 되고 만다.

오늘날 우리 시의 과제라 할, 난해성과 운율 상실의 문제, 산문화, 현실 배제와 시의 자기 중심화 등, 머릿속을 떠나지 못함이 못내 아쉽다.

여덟 번째 시집 『서툰 곡선』을 내보낸 지 6년이 되었다.

부끄러운 얼굴이지만 아홉 번째 시집을 내밀어 본다.

상수上壽인 어머니의 안부가 궁금하다.

2019년 여름 백두산 천지에서

하제 김 경 수

차례

2부_ 모국어 외상장부

차례

3부_ 더디게 가는 길

4부_ 삶에 의문이 생긴다면

차례

5부_ 늦봄의 꿈

삶에
의문이 생긴다면
사랑을 해요

—

1부

—

쐐기벌레

—

자운영 꽃

내 생일은
홍자색이 물드는 사월이다

내 고향은 강태공이
금강錦江에 낚시 드리우고
송탄어적*을 만들었던 장수 천천天川이다

학교를 마치고 집으로 가는 길
흐드러진 자운영 꽃 들녘에 누워
도시를 향하던 열세 살 소년
하늘에 눈물 그림 하얗게 그렸다

오늘 그 비가 내린다
붐비는 도심을 빠져나가
고향 하늘 아래 함께 누웠던
자주빛 사투리를 만나고 싶다

*송탄어적(松灘漁笛)_ 장수읍 서북으로 20리쯤 되는 지점 천천면 춘송리 송탄마을 앞을 흐르는 금강 상류 내를 말한다. 울창한 숲과 맑은 물 때문에 20여 가지의 물고기가 서식을 하고 있어 풍류객들의 놀이터요 낚시터가 되었다는 것이다. 구전으로 내려오는 송탄어적시(松灘漁笛詩)가 있다.

찔레꽃 피면

찔레꽃 피면 고향으로 돌아갈까
꽃잎 같은 아픔으로

눈부신 달빛 속
그대 기다림에 지친 마음 시려서
막차도 서럽게 떠났던 밤

그대가 좋아하던
양지바른 돌무더기
기다림은 햇살에 부서지고
통금을 알리는 긴 사이렌 소리
끊어질 듯 서러워

찔레꽃 피면 봄 하늘 가득
흰빛으로 찾아들던 배고픔

햇살을 구슬려 핀, 저 질박한 꽃송이
그 달콤 쌉쌀 아련한 향기에 취해
허기짐을 잊게 해주던

찔레꽃 피면
나, 고향으로 돌아가리

체기

상수上壽의 세월
폭풍우 몰아치는 질곡의 삶을
부단하게 건너온
풋풋한 시절의 열네 살 소녀

당신의 더딘 식사와 식은 밥알
주름의 골이 촘촘한 살갗은
한평생 고뇌와 기쁨으로 새겨진 활력이다

밤새 삭신이 쑤신다는
삭정이 같은 뼈마디의 당신을 보고 있노라면
목울대 가득 체기로 숨쉬기가 편치 않다

신열이 난다
시간의 목덜미를 쓰다듬는 오후의 노을처럼
하염없이 받아 먹어야 할 내 첫사랑의 소화제

당신을 생각하면
나도 모르게 솟구치는 허기와 체증
일백 년을 향해 순항하는
당신의 가파른 항해의 길에
밤사이 찬바람 불어올까 두려워진다

이 한세상
우주의 또렷한 시계 소리가 멈추는

쐐기벌레

백수의 어머니는
내 이름을 분명히 부르고 있다

당신 뼈를 쐐기벌레가 자꾸 쏜다고
왜 이러는지 모르신다며
나에게 묻는다

진통제를 바르는 손길 닿는 곳마다
어머니의 삭신은
껍질 벗겨낸 삼대처럼 속은 텅 비었고
만져지는 살결은 엷디엷어 슬프다

그곳에 쐐기벌레가 살고 있나보다

그래도 어머니는
돌아갈 길 없는
열네 살의 봄 마당에서
오늘도
지상의 햇살을 고르고 계신다

아, 긍개 봄날엔

봄날엔 향긋한 나물이 제일이다. 나물 중에서도 으뜸인 여린 순잎의 두릅, 이른 봄 늦잠을 뚫고 올라 온 모습의 두릅은 어머니의 고단함을 품은 듯 쌉싸래한 향기와 맛이 들떠있는 입맛을 유혹한다. 살짝 데쳐 초고추장에 찍어 먹거나 석쇠에 구워 먹어도 좋을, 그 시절 어머니의 봄나물 보따리에는 두릅과 취나물이 한가득 담겨 있었다. 섬유질과 칼슘, 철분, 비타민이 풍부한 반찬으로, 김밥 속 재료로, 부침 반죽 위에서는 화려한 변신으로 입맛을 돋궈주던. 젊은 시절 봇짐 속 가득한 어머니의 봄나물이 더욱 그리운 것은 자연의 모든 먹거리들이 풍성하고 무공해였기 때문이리라.

"아 긍개
봄날엔 가난한 친정집 가는 것보다 먹을 것이 많은 산에 가는 게 났다고 않혀."

어머니의 묵정밭

상수上壽를 넘기신 어머니는
여름 초록보다 더 초록으로 주름이
물들어 가고 있다

지난 하룻밤 사이
시안詩眼이 많이 흐릿해져
자식 얼굴도 한참만에야 읽으신다
시청詩聽도 먹먹해져
입술 모양을 짐작으로 느끼고
묻는 답을 오독誤讀하신다

"아야!
저그 아랫담에 사는 여든네 살 거시기 엄니는
젊은 것이 벌써 사람을 못 알아본다고
요양원에 있는디-
자식들이 돈 때문에 소가지를 내고 쌈박질을 해서
형제들 간에 웬수가 됐다잖아 아, 글씨—

호랭이가 꽉 물어갈 것들"

……

…… ……

"느그들은 그래도 행복하제, 으쨌쓰거나 건강햐아"

가물었던 대지에 소낙비가 내리려나 보다
몸이 후덥지근하고 몹시 덮다

오늘도 어머니의 묵정밭은
모정母情이 무성히도 자라고 있다

목화木花

오던 길 잊지 않고
태양이 머무는 언덕배기 낮은 키로
붉은 대궁 눈송이로 하얗게 맺힙니다

성근 수건 머리에 쓰고
세월만큼 굽은 허리 그녀의 콧바람에
내 유년幼年이 다시 살아나고
허리춤을 옭아매며 허기진 배를 채우던
그 달콤한 땀방울, 질곡의 역사입니다

해질녘 붉게 흐르던 앞 강물처럼
가난에 떨던 꽃잎은 속적삼을 흠뻑 적시도록
차마 내 눈과 마주할 수 없어
마음 밖에 서성대던 낮달의 울음입니다

허리에 찬 소쿠리에 목화송이 가득할 무렵
달짝지근한 우윳빛 사랑은 지금도,

세상의 가장 따뜻한 언어로 남은
당신의 숨결입니다

진리 앞에
텅 빈 뼛속 오기 하나로 버티며 살아온
무명저고리
당신 앞에 겸허히 무릎 꿇습니다

자장가

–어머니 말씀

어두운 나라에서는
달을 물어 가려다가
너무 차가워서 물어가지 못했다
하신다

어두운 나라에서는
해도 물어 가려다가
너무 뜨거워서 물어가지 못했다
하신다

어머니 나라에서는
해와 달과 별도 물어갈 수 있어
참 좋다
하신다

오늘, 내 주소지는

무더위가 좀체 수그러들지 않는다
어머니의 안부가 궁금해 전화 드렸다
몸에 흐른 땀이 마를 정도의 긴장된 시간이
흘러도 "밥은 먹고 다니냐"
낯익은 목소리를 들을 수 없다
근심 어린 가슴이 탄다

아마도 오늘 어머니의 주소지는
전화가 없는 바람 잘 드는 마을 정자일 것이다
동네 사람들과 함께
시원한 콩국수를 드시러 나갔으리!
자식들 보고 싶은 만큼 시원하게 드시기를

참 만남

너무 괴로웠다
대낮의 지구는 22년 만의 최악의 폭염으로 멈춰 섰고
거리에는 개 한 마리 없다
낮에는 가마솥 열기로 두통은 거리를 비웠고
밤에는 열대야 무료함에 선잠으로 날을 샜다
그래도 고향 빈집 앞마당에 어디서 온 꽃일까
개망초와 나팔꽃이 한가로이 빈집을 지키고
무너져 내릴 듯 세월을 버티고 서 있는 담벼락엔
희미한 강과 나룻배가 그려져 있다
한참 동안 풍경화를 바라보던 나는
나룻배를 타고 강을 건너 들길을 걸었다
무성한 풀잎이 자란 앞마당에 들어서서
오랜 도심의 생활에 떠돌던 지친 심신을
낡은 마루에 눕힌다
지난 시간의 여운이 눈물로 걸려 있고
달빛에 물들었던 어머니의 강은
소리 없이 사라져 가고

호연지기의 꿈은 이미 이순을 넘은 고갯마루를 지나
동구 밖을 지나오며 아흔 일곱의 어머니와
눈물 젖은 통화를 한다

홍시

이 맑은
햇살 속으로
달디 단 내 전부가 들어온다
속속들이 다 내보이는
저 진지함 속에는
시간의 흐름을 감출 수도 없다
끝끝내 확신할 수 없는
그 어느 인생의 피도
이렇게 반투명으로
익어 갈 수밖에 없는 삶의 끝자락

어머니의 상수上壽가
익어가는 홍시처럼 붉다

제비꽃 보라

겨울지나 물오른 대지 위에
화사한 봄꽃이 피었다
시원스런 바람은 속삭이고
백년에 피어난
환희의 눈물
영혼의 꽃이다
나의 후원後園이다
나의 본향이다

* 어머니 上壽宴에 받치다(2019. 3. 7)

붉은 싸리 꽃

장미보다
더 붉은 울음으로 쏟아지던
6월 장마에
몇 마지기 안 되는
논둑 무너질까 뜬 눈으로
잠 못 이루던 밤
아직도
빛바랜 사진 속에
울다만 싸리 꽃 피어있다

햇살 속으로

들녘에도
산허리에도
어머니의 세월 가슴팍에도

앞산 개울물에도
뒷산 방죽배미에도
저리 고운 바람을 안고

언덕 너머 저 산 너머
더 가깝게 다가서야 할
겸손해지면서 낮아지는
서로의 사랑

맑은 가을 햇살 속으로
세월이 숨어든다

추국秋菊

촘촘한 취기
찬바람 한 줌으로 피어나
초조하게 기다리는 성급함은
수려한 빛깔과 깨끗함의 극치

기왕이면 순간을 넘어서는
노오란 삶의 오기傲氣
그 속에서 그분의 사랑을 본다

우아한 그대
오상고절傲霜孤節
말을 잊은 나만의 세상

달맞이 꽃

꽃잎 위로 달빛이 내려앉는다
달빛을 머금는 뒤척임은 야무지다
그래서 마음이 놓인다

그만큼의 거리에서
어둠을 꽃피우며
말없이 삶을 낚는
아름다운 사람아

홀로 피워내는 향기가
낮달에 걸려 외롭겠지만
함께 가는 우리,
미소로 아침을 여는
야래향夜來香

달맞이 꽃·2

밤은 언제나 어둠만 있는 줄 알았다
그래서 모든 꽃도 밤에는 시든 줄만 알았는데
당신으로 인해 어둠으로 피워 낸 생명력이
아침을 연다는 진리를 알았다
밤에 피워내는 그 풋풋한 아름다움
타인들의 편견을 모르던, 당신을 마주하는
부끄러움에 흠씬 젖어
마음 가득 웃음을 머금고 말았다

바람에 하늘거리는
당신의 모진 말, 가끔
내 가슴에 못이 되어도
그 순수한 시선을 뽑아내지 못해서,
오늘도 나는
당신 모습 달빛으로 피어오르는
언덕 길 언저리에

밤새도록 꺼지지 않는
월하향月下香 마음 하나 밝혀 둔다

2부

모국어 외상장부

순천만
폭설
느껴봄
4월 하늘을 보며
숲길을 걸으며
두 바퀴의 꿈
그 시절이 좋았어요
기수역의 탈선
거대한 침묵
모국어 외상장부
심쿵
장안산
허허허
주식

순천만
— 생명의 늪

우리들 삶은
원래 질퍽한 어둠의 야장
그 다채로운 신비 속엔
생명이 무성하고 잔치는 늘 풍성하다

태고의 역사는 황금빛 선율
바람 불러 갈대의 합창을 들려주거나
짱뚱어 알들의 부화가 임박할 때면
갈대는 일제히 진흙 뻘 속에
찰진 심지를 내린다

눈으로 듣고
귀로 보아야 알 수 있는 경이로운 풍광
머-언 목소리 너로 하여금 눈 뜨는 세상
덤불 속 풀잎 이슬, 옥 같은 아침을 먹는
밀물과 썰물로 엮어내는 늪의 역사를
아리랑이라고 가슴팍에 새긴다

폭설

언제부턴가 지인으로부터 선물로 받은 작은 라디오를 듣는 버릇이 생겼다

세상의 작은 이야기도 간파하고 싶은 마음에서다 십이월 어느 자정 무렵

고드름보다도 더 예리한 음성의 기상 캐스터 날씨 안내가 피곤에 졸린 귀를 깨운다

일기예보는 적중했고 새벽녘 예상대로 폭설이다 얼떨결에 밖으로 나가 갈겨대는 오줌발 찌릿한 냄새와 함께 훈훈하게 피어오르는 수증기는 철옹성 같은 내면의 빙벽을 서서히 녹인다 신 새벽 순식간 저질러진 나의 행위는 끝나고 아직 녹지 못한 위선의 뿌리는 폭설로 묻힐 것이다

아주 오랫동안……

느껴봄

저기
저 이자폭탄처럼
혹독한 계절의 끝에서
눈을 뜬 씨앗을 보아라
생글생글 다가오는 아지랑이도 보아라

나뭇가지와 새들의 날개를 키우는 셀렘은
귀띔 아닌 소문을 내며
허기진 곳과 후미진 곳을 돌아
우리를 둘러싼 자리를 충만케 하고
안개 속을 배회하다
요한 스트라우스 2세의 소리로 다가온다

붉은 동백의
흔적을 찾는 사람에게도 봄은 오고
이 땅의 칼날 같은 겨울은
원색의 강렬함으로 생을 밀어 올린다

솟구쳐 간절함으로 달리는 초록 기차는
우리들의 방향이 잡힐 때까지 멈추지 않을 것이다

사월은 술맛처럼
졸음이 쏟아지는 향기를 몰고
느릿느릿 걸어 나와 느껴보는 것

4월 하늘을 보며

나는 사월의 하늘을 보면
푸르게 뛰는 심장이 보여-
“눈물 날 정도로 혼신을 다해 살아라”
알베르 카뮈*가 일러준 말처럼
내가 태어난 사월이 그랬어
난 아득한 미루나무 아래 서서
내 인생의 시작을 알았어
아이들이 깔깔거리다가 울먹이면
하늘까지 커버린 미루나무를 올려다보라 했어
바람은 늘 차지만
햇빛 속에는 나뭇가지마다 봄기운이
연두색으로 감돌았기 때문이지
지금 어른이 되어서도
그때의 삶을 동경하며

이젠 꽃 천지인 나의 사월도
날이 저물고 있어

또 다른 사월 하늘을 바라보고 있는 거지

*알베르 카뮈_ 1913. 11. 7~1960. 1. 4.(46세) 프랑스의 소설가, 극작가, 실존주의 철학자. 1957년 노벨문학상 수상. 《이방인》, 《페스트》, 《전락》 작품집이 있다.

숲길을 걸으며

숲길에 왔다
진정한 삶의 빛을 보고자
세상의 모든 소리를 접고

풀잎은 깨어나고
사람은 다시 태어난다
하늘이 풀어놓은 공기와 물과 빛과
산새의 지저귐

생각의 씨앗이 다시 자라고
그 생각을 담아
푸른 숲 가지에 얹는다

새 한 마리
숲의 노래가 된다

두 바퀴의 꿈

신작로 가로수 미루나무 높이만큼
꿈이 자라던 중학생 시절
물그림자 어린 20리 학교 길은 산수화의 일부였다
자전거는 꿈의 정수를 빨아들이는
등하굣길의 최고의 교통수단
걸어가던 친구의 가방을 자전거 핸들에 걸었을 땐
가랑이를 최고로 벌려야 페달을 밟을 수 있었기에
지금도 나는 승용차를 몰지 않는 팔자걸음이다
미세먼지 없는 세상
공기가 맛있는 거리
지금 생각해도 참 좋다
하늘거리는 두 바퀴의 꿈
도심의 좁은 공간에서도 난폭함이 없어 좋고
높은 언덕에서 꿈을 향해 전속력으로 내닫는 용기
그 싱그러운 모습,
대기오염 시킬 일이 전혀 없어 좋다

그 시절이 좋았어요

배고픔에 울던 그 시절이 좋았어요
눈물 손등으로 닦으며
보릿고개 시절엔 보리목을 따다
불에 그슬려 입안에 톡 털어 넣고 우물우물
엄마 오기를 기다리며 울던-
그 시절이 좋았어요
칡꽃이 한창이면 칡덩굴 따라 산나물도 뜯고
산 더덕도 캐내어 얇은 손톱으로 더덕 껍질을 벗겨
눈물을 삼키며 씹어 먹던-
정말 좋았어요. 그 시절이
스마트 폰도 없고 인터넷도 없고
에스엔에스SNS도 모르고 살았던-
텔레비전TV도 없어
재벌의 소식도 대통령의 소식도 데모 소식도
모르고 살았던 -
눈뜨면 동쪽에서 해 뜨고

눈감으면 서쪽으로 해 기울고
산새가 들려주던 아름다운 목소리가
더 정겨워서 잠들던 그 시절
인정 많던 고향
수탉은 홰치며 자신의 존재만큼 날아오르고
햇볕은 찢어진 문구멍으로
우리들의 이야기를 엿듣던 그때가 좋았어요
마음 편하게 웃고 떠들며
꽃은 그대로 꽃이고
기차는 못 보아도
하늘은 그냥 파란 하늘이던
웃고 싶을 때 웃던
마음 편한 그때가
정말 좋았어요

기수역의 탈선

원치 않는 이별을 했다
이상한 이별이다
공중에 줄을 선 갈매기 끼륵 끼르륵 활강을 하다 말고
기수를 돌린다
하루의 끼니를 찾을 수 없는 슬픔이
수로를 따라 바다까지 이른다
그가 찾던 장어, 재첩, 가물치 따위는 이제 없다
하굿둑에 엎드려 보니
고향이 다른 이상하게 생긴 고기 한 마리
먼 고향의 전설처럼
도깨비를 만난 듯 놀라고 있다

사람의 욕심은
휘돌아 흐르는 아름다운 곡선의 편안함 마저
하구 둑을 만들어 밀물과 썰물의 만남까지도
기가 막히게 막았다
해수와 담수가 섞이는 인연마저

매몰차게 끊어 버렸다

사람과 자연
자연과 사람
미래의 비밀로 남겨줘야 하는 뿌리
추억 하나쯤 어렵지 않게 끄집어낼 수 있는
기수역汽水域*은 오늘도 탈선이다

*기수역(汽水域)은 민물과 바닷물이 자유롭게 섞이는 곳이다. 담수와 해수가 혼합되어 형성되는 지역으로 일반적으로 염분의 농도가 0.5% 이하인 물은 담수(淡水), 30% 이상은 해수(海水), 그 중간을 기수(汽水)라 한다. 따라서 기수역에는 이러한 광범위한 염분농도에 적응할 수 있는 생물들이 분포한다.

거대한 침묵

—네팔 코르카 대지진을 보고*

유폐된 코르카여,
강으로 늙어가는 나의 어머니여!
이미 강물이 되어버린 내 아버지의
절망의 숨결이여!

꿈도 떠났다
무수한 별들도 모험을 멈추었다
생의 한순간이 유감없이 갇혀버린
저 무고한 사람들,
모든 것을 뒤흔들어 버린 날
살아있는 자도 죽은 자도 닿지 못하는
통곡도 할 수 없는 저 하늘 길,

그리고
짓이겨진 가슴으로
꺼져가는 땅을 파헤치며
살아있는 이유가 너무 아름다워

울어버린 세상
우리들의 생은 얼마나 느린가
죽음은 또 얼마나 격렬했던가
봉인된 영혼 앞에 신의 가호가 있기를 표한다,
할지라도
우주에서 떨어지는 침묵이
나는 무섭다

* 2015. 4. 25

모국어 외상장부

참하게 생긴
가나다라 아야어여 둘이는 긴 역사를 걸었습니다
손을 잡고 걷다가 어깨동무를 하고
많은 부대낌의 말을 굽이치는 강물같이 하고 걸었습니다
외래어로 쌓아놓은 높은 둑보다 안전한 평지에 있기에
둘이는 무척 편안한 기분 특별한 마음으로 걸었습니다
모음과 자음 한 쌍이 우릴 보고 있습니다
그쪽의 긴 서운함의 이야기가 실올이 풀려오듯 내게로 옵니다
모국어를 사랑하는 내게로 옵니다
우리는 사랑하노라고
그렇게 긴 얘기를 우린 매일 같이 하고서도
끝내하지 못했던 그 말들
우리는 오늘만은 무슨 일이 있더라도 해야겠습니다
외상장부에 묻혀있는 그 어려운 낯선 말들
이제라도 시인의 힘을 빌어서라도
뽑아낼 수 있으면 좋겠습니다

심쿵

바람이 분다
꽃이 핀다

바람이 잔다
꽃잎 진다

떨어진 꽃잎
강물 따라

가을은 저만치
가고 있다

심쿵 심쿵
내 가슴만 쫄깃하다

장안산*

갈대와 억새가 나란히 있으니
도타운 지란지교다
저 광활한 만추의 바람을 따라
붉은 낙조의 빛을 머금은 채
한 점 바람에도 쉽게 흔들리며
금빛 가루 아쉬운 듯 털어내는
정작 너는 슬픈 산

금강
섬진강
낙동강의 분수령

덕유산과 지리산을 잇는 백두대간의
금남과 호남 정맥의 시발점

두런두런 산을 둘러싸고
휘감는 계곡들의 역사가

하얀 거품을 풀어
치열했던 태양을 품는다

* 장안산_ 전북 장수군에 있는 높이 1237m의 산.

허허허

허허허
허허로운 벌판에 바람이 서 있다
바람이 서 있는 자리에
허수아비 서 있다

양팔을 벌려
한 팔은 처지고
한 팔은 흔들흔들
외발로 절뚝인다

세상 사람들 향해
허허롭게 웃는 허수아비
추수의 강을 건너
무색으로 흔들리는 옷가지

존재의 겸허를 가리키는
아름다운 들녘

빈 세상을 향해
허허로운 미소를 보내고 있다

주식

그의 몸은
하늘에서 배당받은 만큼만
반짝이며 떨어지는
물빛이다

저녁 해거름
막사발의 막걸리처럼
황소가 탁탁하게 울부짖는
소리다

바닥을 치며
흐르다가
노래방의 반주처럼 솟구치는
선글라스를 써야 하는 눈부심이다

웃통을 벗어재낀
정직한

여름의 정점에서
한 줌 재로 사라져갈
붉은 종이꽃

3부

더디게 가는 길

아버지의 바지랑대

어느 날 아버지는
바지랑대를 높이 세우고
빨랫줄을 매셨다
그 위에는 말씀들이
넉넉한 햇살을 끌고
젖은 영혼들을 말리고 있다

피눈물에 절은 기도들이
하얗게 부서지자
당신은 바지랑대를 더 높이 올리셨다
빨랫줄에 걸려 있는 시름들이
덩달아 올라가고
초라했던 나의 첫 기도는
저만치 끝자락에서 희미하게 흔들리고 있다

춥고 움츠린 영혼
가난하고 허기진 사람들

간간이 널려 있는 배부르고 살찐 옷가지들
지나가는 낮달이 기웃기웃
빨랫줄에 걸린 사연들을 읽고 있다

홀로 빛나는

바깥을 향해
얼굴이 인자한 청년은
좁은 문을 지그시 열어 놓고
눈이 맑은 표정으로
어둠을 부드럽게 태우고 있다

꽃이 피고 나무가 자라나
사막이 사라진 광야에는 봄이 자라고
하늘이 내려앉았다
짧은 기도에
이름 없는 사람들이 밀려든다

바람 부는 시간에도
떨어진 꽃잎을 일으켜 세우니

잔별들이 드리운
멍든 세상에서도
홀로 빛나는 당신은
내게 남은 시간의 전부입니다

춘곤증

봄볕이 내 이름을 부른다
나른한 따사로움에
자신도 모르게 잠을 청한다

나는 사막을 향해 걷는다
풀풀 날리는 먼지 속을 헤쳐
인생의 한 획을 긋고자 흔적을 남겼지만
곧 사라지는 경계만 쌓았다

사라진 숲속 길
말라비틀어져 죽어가는 나무
상처투성이의 햇볕과
강물에 비추인 절망의 얘기들
내가 살았던 곳이다

내 이름이 자꾸 비명을 지른다
내내 춘곤증에 시달린다

나의 간절함은
나의 고통을 필요로 하나 보다

더디게 가는 길

배롱나무꽃이
유혹의 빛을 보낸다
세상은 나를 바람으로 간질이며
술잔을 들라 유혹한다

목마른 영혼은
여름밤을 헤엄쳐
향기의 바다로 나가고

불안한 표정은
오래된 장마에
서러운 꽃잎처럼
켜켜이 시름으로 쌓여만 간다

매일매일 숨 고르며
한 뼘 닿을 듯한 거리에서

두 손 모으고
가슴에 박힌 가시를 뽑는 일

슬픈 사람들의
바람도 잠재우는
절실한 기도가 필요하다

야베스의 기도

지경의 문을 열어 주십시오
옥빛으로 그윽한
마음의 창문을 살포시 열어 주십시오
그 언젠가 우물 속에 일렁이던
사랑의 그리움
당신의 품속까지 들어갈 수 있는
비단길
그 길 위에서 당신을 만날 수 있게
구름과 바람의 근심을 막을 수 있는
좁은 문을 열어 주십시오

그 가슴에 뺨 부비는
나날이고 싶습니다

내일

젊은 날
나의 관심은
영혼까지 스며든
가난을, 속속들이
떼어내는 일이었다

그 지루했던 장맛비처럼
언제나 눅눅했던 속울음
그 눅눅함을 말리기 위해
여름은 늘 돌아앉은 가을을
그리워했다

여기
내일이란 비밀은
미소를
묵상으로 읽어주는
보이지 않는 경전經典이다

봄 바다의 기도

눈이 부시다
새싹이 쇠못처럼 돋고
아직 냉기가 덜 가신 봄 바다는
해당화 피울 준비에
파도가 바쁘게 노를 젓는다

이 꽃 저 꽃으로
신명이 절로 나는 대지는
구름 타고 내려오는 따사로운 기운에
야트막하게 밀려오는 봄의 파도를 아낌없이
받아준다

우리를 바꾸게 하는 저 기나긴 행렬의 불빛
거기 제 할 일 못 하면서 선택받은 포박으로
정신없이 앉아있는 섬을 본다

바다는 변함없이 썰물과 밀물로

모래밭을 만들고
마음 착한 사람들은 여전히
모래성을 쌓고 또 허물기를 반복한다
그래도 바다는 여전히 파도를 실어 나르고
새싹은 사실되게 돋아날 때 눈부시고
가난한 것은 가난한대로 그렇게 기도할 때
봄 바다는 섬을 사랑으로 감싸 안는다

봄, 생명

생수의
비가 내린다
여린 시간이 파랗게 웃는다
먼지 일으키던 바람도 멈췄다

나뭇잎은 햇살처럼 커가고
큰 잎사귀에 전해지는 당신의
위대함이 너무 향기롭다

그 향기는 흐드러져 내게로 다가와
함께 있는 날들을 생각하며
위대한 정령이 모든 사람에게
사랑이란 씨앗을 심도록 기도한다

'두려워 마라. 너를 붙들어 주리다.'

세상살이가 더욱 버겁게 느껴지는
이 눈부신 오월!
질곡의 삶 속에서도 희망은 있다

살아가는 즐거움

사랑은 아무리 품어도
질리지 않는 것
내보내고 싶지 않아

어쩌면
싸움의 씨앗도
사랑인 거야

평생 혈관을 타고
때로는 붉게
때로는 푸르게
외로운 순환을 하는
통증인 거야

그것이 풋풋한
사랑이고

시詩인 거야

시詩는
죽은 씨앗도 살려내는
詩끌리오 양지마을의
작은 기쁨이기에

불면不眠

겨울바람 낯설고 매몰찬데
얼어붙은 창밖은 눈이 실실거리고
부끄러운 세상은 진실을 묻으려나
떠오르는 햇살은 소중한 기억들을
비추이는데

섬

주인 떠난 능선 밭
말라버린 옥수수 대
한 다발 꺾어
강가를 지나오다
마음속 눈물 한 점 띄워 놓는다
밤낮으로 푸르게 출렁이는 물결소리
언제나 잦아들까

겸손한 가을보기

내 고향 들녘에 왔다
고향 오기 전 사흘간 비가 내렸다는 어머니 말씀
비 맞은 초록의 산천은 갈색 옷으로 갈아입는 중이다
쑥부쟁이, 구절초, 개미취, 들국, 코스모스 -
한들한들 고개 흔드는 가을 사랑이 약효를 발휘한다
엷어진 가을 햇살 다 가도록
내 안에 켜놓은 암울한 촛불에 가로막혀
세상의 아름다움이 보이지 않았다
봄만 생각하다
새벽녘이 되어서야 가을빛을 보았으니
말이다

메아리

온몸에 못질하듯
당신은 내게
들어와 박혔다
당신의 모세혈관
하나하나까지도
내 신경으로 연결되어
이미 높아진 열정
서서히 수직으로 이동하고
밤새 뒤척임으로 수척해진
대답 없는 메아리
희미한 불빛이 사라지는
또 다른 새벽을 맞는다

어느 날

그윽한 삶의 깊은 곳에서
나, 부름을 느낀다
잠든 나를 깨우러 오는
그 영혼의 음성

아- 새로운 목숨이
숨을 쉬고
내 심장은 덜컹거렸다
누구의 풍금 소리인가
바람의 입맞춤인가

아직은 내 알지 못하는
그대는 미지未知여라
슬픔과 절망을
기쁨과 행복에 바치고자

내 피로써 내 맘으로써
모양을 겁내하나니

조용히 이 손을 내밀어
고요히 취한 나는 웃는다

참 좋은 사랑

비가 내리고
안개 내려앉은 거리에서
언덕 넘는 길
조건 없이 허락하심에
삶의 의미가 커졌습니다

바람 불어
먼지 풀썩이는 세상에서
아름다운 뜨락으로
내려앉게 하심에
영혼의 열매를 보았습니다

삶과 영혼 모든 것 맡기며
이만큼 허락하신 삶에
당신께로 향한 기도
푸른 초원 보이게 하심
참 좋은 사랑입니다

너에게로

사랑하는 내 아들아!

언제
언제 이만큼 커서
박박 머리 깎고 내 앞에 서 있는 거니

이제 너를 닫힌 집단 속으로
밀어 넣을 수밖에 없는 답답함이
한계를 느끼게 하는 구나

대견스런 네 모습
갈 길 앞에 왜 자꾸만
무게가 느껴지는 거니

그동안 네게 너무 무심했나 보다
이것도 저것도
걸리는 것이 많구나!

전에는 어찌했던
지금은 많이 좋아진 집단이라 하니
조금은 스스로 위로하고
그 안에서 작은 마음 다칠까 봐
노심초사 안타까운 마음이구나

사랑한다 아들아!
사랑한다 아들아!
사랑한다 아들아!

너를 믿는다
씩씩한 모습으로
잘 견뎌 주기를 기도한다
결코 녹녹치 않겠지만
누구나 거쳐야 하는 피할 수 없는 현실이라면
네 안에 함께 가면서 그 안에서 평화로움
찾아가는 마음의 여유를 갖기 바란다

여린 가지 햇잎이 눈보라에 얼까
견디기 힘들까 속내가 저려 오지만
어쩌겠니, 이젠 대신 해줄 수 있는
부모의 역할이 여기까지구나

이젠 네 인생
네가 짊어지고 갈
너의 길이란다

순조롭게
남자만의 세계 속에
또 다른 체험으로 단련되어
즐겁게 동화되어
몸과 마음이 건강하게
장한 대한의 건아로 잘 마치고
가족의 품으로 돌아오렴
사랑하는 아들아 ~

— 2005년 6월 9일 밤, 군에 간 아들에게

강릉 가는 길

나뭇잎 차갑게 일렁이듯
해뜨기 전
강릉행 버스를 타기 위해
새벽 문을 열고
버스터미널로 향했다

아직 도시의 여명은
빌딩 속에 깊숙이 박혀있고
사는 게 썰렁하기라도 하듯
하품으로 다가오는
병원 가는 길

생生이라는 게 다 헐떡이듯
오늘따라 차창 안으로
밀치고 들어오는 산 풍경들이
슬픈 색깔로 물들어
눈가를 적신다

가슴통과 손아귀 속에는
갓 스무 살을 넘긴
얼룩무늬 군복이
동해 바다 빛으로
겁먹은 웃음 짓고

대관령 지나가는 길에
마음 닿을 수 없는 풍경들이
아름다운 모습이지만
지금은 검푸른 지아비의 삶 속으로
질펀하게 견뎌야 하는
숨 막히는 심장을 질주해야 하는 길

*2005년 11월 7일 새벽 3시, 군에 간 아들의 갑작스런 병원 후송 사실을 듣고 새벽 강릉행 버스 속에서-

—

4부

—

삶에 의문이 생긴다면

—

새해에 찾아온 소리

저 멀리 산 넘어 붉음이 떠오를 때
내 탄생의 뜻은 고향 길 묻고
은혜롭게 건너온 시간의 물결은
2019년 봄을 접하긴 아득히 멀다

시간 줄에 주렁주렁 매달린 과거는
순간으로 떨어지고
허전함만 가득한 이곳에는
고난과 시련도 있었지만
감사할 일도 많이 있었다는
내 안의 위안으로

그렇게 찾아온 새해의
새 한 마리

봄 허리

영하零下를 지키며
으뜸이라던 추위가 지쳤나 보다
바람기 많은 바람은
차가운 겨울에 이별을 통보하고

향기의 흔적을 찾아 나서다
그만
봄 허리에 감기어
으슥한 저녁에서야
빗줄기에 눈뜬 별을 보며
잠이 든다

내일 아침
새싹 돋는 나무에
촉촉이 감기리라는 연정戀情을 안고

심연深淵

— 논개

바람을 걸러낸 눈빛은 진하다
그 눈빛의 심연에는 기쁨보다 슬픔이 향기롭다
당신을 바라보면 행복한 미소보다 눈물이 난다
세상은 온통 욕심을 찾아 헤매지만
그대 안으로 들어온 무수한 삶의 모습들은 가난하다
슬픔의 모든 뿌리가 선이라는 것도 알아야 하기에
보이는 모든 풍경들이 내 안에 들어오면 슬픈 수초가 된다
그래서 촉촉한 물기로 파문을 일으키는 것이다
그 흔들림은 고난과 시련을 이겨낸 아버지의 모습처럼
생각을 움츠린 채 길 위를 시적詩的 시적詩的 걷기도 하지
그는 늘 쉬지 않고 심상心象의 깃을 세우며
뿌리가 간결하게 흔들리도록 춤을 추지
춤추는 저 물기 어린 투명한 형체의 리듬을 보아라
빠른 물결과 굽이치는 급물살에 생이 휘감기는 곳
그곳에 몸을 묶고 상구를 돌려 대는 저 유연함에

어린아이가 넋을 잃고 바라본다
그 숨결 소리가 얼마나 아름다운 슬픔인가를
절박한 꽃으로 피워내는 순간이다

경계의 꽃

아침 햇살이 창문을 훤히 비추인다
신선한 바람이나 쐴 요량으로
창문 가까이 가보지만 혼자 힘으로는
창문을 열 수가 없다
빛바랜 창틀은 이미 녹슬어 있고
옴짝달싹도 할 수 없는 경계 아닌 경계이다
사람이 만들어 놓은 사람만의 울타리
그 울타리에는 슬픔과 눈물의 꽃이 온새미*로
매달려 있다
오늘도 빈 말들을 받아먹으며 기쁨의 꽃으로
피워내기 위해 무릎 꿇고 기도하는 사람들의
나날들이 너무 늙어가고 있다
그리도 애달던 치자꽃 향기 꿀벌도 꼬이지 못하고
꽃잎마저 합장한 손에서 멀어진다
서녘, 그 경계의 자리를 바라보는 기다림은
붉은 슬픔만이 강으로 떨어진다

* 온새미로_ 언제나 변함없이

길 위의 가을

뿌리 깊은 생각이 박혀 있다

스산하게 불어대는 바람에
코스모스 청초하게 피어 하늘거리고
내 몸은 길 위의 가을을
또박또박 걸어가는 국화향이다

깊어가는 석양 무렵
살아 있는 숨소리는
금빛으로 산을 넘고
첫사랑의 눈물
청순하게 설레며 밀물져 올 때

진실이 담긴 가난은
사라져 가는 강둑을
터벅터벅 느리게 걷고 있다

뿌리 깊은 생각이 버림받은 줄도 모르고

가을 에스컬레이터

하루 세 끼니를 위해
가을 에스컬레이터는
단풍보다 붉은 눈빛으로
새벽을 타고 저녁까지 흐른다

발바닥에 붙은 유년의 질긴 순간은
빠른 걸음 느린 걸음의 춤을 추고

목적지가 다른 맞물린 어깨는
서로를 토닥이는 무음을 연주한다

거리와 속도를 유사 반복하는
낯선 공간의 행렬
풍요와 결핍의 오르막과 내리막이다

육중한 무게의 몸서리에
과부하 걸린 모터는

올해도 연신
가을이 타는 소리를 안고 산다

기침

작년 가을
부서진 낙엽들은
건들바람 없는 거리에서
또 다시 흩어진 생각을 가다듬고
햇살 가까이 다가선다

치자꽃 놀이에
겉옷을 훌렁 벗은 여름은
목감기를 심하게 가져왔고

가을만 되면
세상의 고통에 닿지 못하는
창밖에 낮게 앉은
여린 바람이여

이 쓸쓸한 감기는
추수 끝난 빈 벌판에서

흙빛 청명한
햇살을 토해낸다

가을을 줍다

궁핍하게
서 있는 자리에서
차갑게 멀어지는
바람 문을 나서다
억새에 걸려 있는
햇빛 하나 줍는다

어느 타인처럼

우연히 허리를 굽혔을 뿐인데
이미 가을은
내 등 뒤에서 어부바로 서 있고

오늘도 착각의 언어로
그대 부르며
아까운 사랑 하나 줍고 있다

바람이 분다

바람 불어 창문 열면
지나간 모든 것이
추억으로 되살아나는 것은
우리가 외롭기 때문이다

가을바람이 불지 않아도
억새가 흔들리는 것은
우리가 사랑하기 때문이다

마음에 바람이 부는 것은
오랜 시간의 젖음에서 오는
극심한 갈증

세월은 빠르게 피었다
아름답게 지는
바람의 눈부신 속살

차마 고도, 카팔라*를 생각하다

지금도
나중도

삶이 시작이 아니듯
죽음 또한 끝이 아니리니
삶과 죽음은 수레바퀴
영원히 구르는 굴렁쇠

영혼은 영원한데
육신은 껍데기일 뿐
사람은 삶 앞에 겸허하고
죽음 앞에 의연하다

허물 벗은 생의 육신은
자연으로 고스란히 돌아가는 이치

저 높은 고갯마루
색색으로 휘날리는 깃발
영혼들에게 하늘 가는 길을 가리키는
처연하고 아름다운 이정표

* 카팔라(인골로 만든 공양구) 공양그릇, 안쪽은 얇은 금속 태를 둘렀다.(차마고도 지역)

바다 새는 별이 되어

그날은 갔지만
꿈으로 살아있다
하늘은 개었지만 심장이 쪼그라들어
세상은 아직도 차디차다
소나기 그친 대낮인데도
들리는 소리 보이는 소리
서럽게 어둡다

이제라도
침묵으로 삐걱 이는 바다를
보내고 싶지만
그리 쉽게 보내지 못하는 이유
하나 뿐인 가슴이 타고 있기 때문이다

그 타는 가슴은 죽어
바다 새가 되었고
바다 새는 별이 되어

밤의 꽃으로 피어난다

'정직하거나 솔직한 것은 안전하지 못하다'라는
셰익스피어의 양심을 생각해 본다

죄의 깊이가
이렇게 미안한 것은
아침이 되어도
잠들지 못하는 별이 빛나는 까닭이다

탈주의 끝

철모르게 올라온 서울의 거리
아득히 먼 그날에
가판의 신문은 촌놈의 혈기를 끌어모았다
'채용공고' 그 인연을 챙긴 청춘은
끈질긴 방랑의 유혹을 내치고
공직이란 청춘열차에 탑승했다

하루에도 수없이 꿈꾸던 방황의 나날, 날이 갈수록
나이에 빗장을 지르며 더욱 견고하게 달렸다
그때마다 내 본향으로의 탈주는 선잠으로 끝나고,
언제나 파란불이 점등된 고독한 간이역 뒤편
눈물처럼 갈겨 대던 어리석은 내 존재만
달빛을 흠모하고

언제부턴가
열차는 서서히 속도를 줄이기 시작했고
향기처럼 들려오던 기적도

하차할 준비를 해야 하듯 멀어져 갔다

탈주의 꿈은 시작됐고
기억의 저편 아직도 불어오는 녹슨 향기처럼
내 젊은 날의 열차가 달려와 멈추는 그곳
이순耳順의 역이다

하늘은 맑은데 별은 다 세지 못하도다
–동경(憧憬)

호랑가시나무와 동백,
대숲의 잎새가 노래하는 이 숲 속
지저귀는 순결한 새들 곁에
나를 머물게 해다오

질박한 화강석 위로
부드러운 숨결이 흐르는 대리석 위로
나를 앉혀다오

바람보다 더 자유로운
영혼을 꿈꾸는 맑은 하늘 아래
잠 못 드는 가슴

부드러운 대리석에 누워
무시로 바라보는 청명한 하늘이
봄·여름·가을·겨울
내 존재를 일깨우고

총총한 별들은
내 마음 깊은 곳에 알알이 박혀
젊고 푸른 시간 속으로 여행하지만
사랑은 사랑하는 만큼 표현하는 것이기에
아직도
'하늘은 맑은데 별은 다 세지 못하도다.'

*김오성 작가의 조각 작품 중 하나인 '하늘은 맑은데 별은 다 세지 못하도다.'를 시(詩)로 이미지화했음.

인연의 향기

어느 멋진 날
인연은 향기를 뿜으며
그대들 꿈을 피웠으리
별이 잠든 밤
그 어둠에서 사랑의 빛을 찾아
얼마나 간절한 기도가 있었기에
오늘 청아淸雅한 향기로 닻을 올리는가
그 축복의 인연을 가슴에 담아
한 바탕 굽이치는 강물처럼
길었던 품속의 여정들을 접고
향기 나는 말씀의 언덕을 바라보라
'김○○'와 '최○○'이
두 사람 하나 되어 가는 길에
사랑의 폭풍이 때때로 시기할지라도
진정한 기도와 용서의 배를 띄우며
남아서 주는 미소보다

모자랄 때 주는 기쁨에
세상에서 가장 아름다운 꽃이 피리니
두 사람만의 자유를 향해
광활한 사랑의 영토를 향해
하나의 새로운 문을 열어라
그리하여
세상에 하나밖에 없는 원석과 세공사가 되어
보석처럼 빛나도록 평생을 갈고 닦으며
서로의 영혼으로 물들어가라

-2016. 5. 28 아들 결혼 축시

사랑과 사랑 사이

-손녀

사람과 사람 사이에
씨앗 하나 날아와
자리 잡았다

사랑은
제 씨를 떨구고
지그시 눈을 감았다

이듬해
사람과 사람 사이에
멋진 생명 하나 자라더니

귀엽고 밝은 생명은
세상에 눈을 내밀고
행복을 만들었다

사랑과 사랑 사이

11월 10일
참 눈부시다

-2018. 11. 12

유산

아직도 나에게는 아침이 있나 보다
그것도 매일 출근길이 있다는 것은
선조로부터 거창한 유산을 받은 증거다
어느 날은 동쪽의 둥근 해를
또 언제는 중천의 붉은 낮달을

그리고 어떤 날은
서녘으로 떨어지는 하얀 노을을 바라보며
목적 있는 곳으로 가는 일
그래서 좋네!

가끔은 두통이 짓누르고
공휴일은 미열에다 몸살까지
살갗을 여미며 걸어가는 길
그 길을 나설 때마다 나는,
늘 챙겨 넣는 시집마냥
오늘도 유산의 미소를

나보다 더 늦게
길 나서는 행복의 가방에 넣는다
이래서 또 좋네

삶에 의문이 생긴다면

삶에 의문이 생긴다면 사랑을 해요
그것이 없다면 얼마나 슬픈 인생인가
첫 사랑이 생각나는 이런 밤은
수많은 별들도 내려와 따듯하지 않은가

인생이 휘청거릴 때
새로운 설렘은 당신으로부터 오고
가슴에 품은 별을 만나고 싶은 것은
다양한 내 인생의 사랑도 알았기 때문이지

'사랑을 좀 제대로 하지 그랬어, 인간아!'

다툼에도 사랑은 있지
사랑은 돈키호테처럼 비웃는 것이 아니야
바람이 없다면 나뭇잎이 흔들리지 않듯
사랑은 영혼을 키워내는 거대한 숲이니까

내안의 깊은 사랑과 맞서 싸워야 할 때는
약점의 한계도 숨김없이 드러내야 하지
때론 쓸쓸히 때론 힘차게
담대하게 진심을 담아야 해

설원을 뚫고 달리는 기차를 바라봐
가슴에 꿈 하나 들어오지
언제든지 불쑥 찾아올 그 느낌은
삶의 여백이고 근원에 대한 뜨거움이지

사랑은 불안한 현실을 견뎌내는 외로움과
그것을 스스로 달래가는
여리고도 곧은 자기 다짐이기에
타인에 대한 동정과 연민을 넘어
화려하지 않는 영롱한 하모니로
이 세상 함께 살아가는 도리를 깨닫는 거지

장맛비 속에서도
극심한 갈증을 겪어야 하는 것처럼
삶에 의문이 생긴다면 사랑을 해요

몽클린의 세상

-몽클린 서시

어려웠던 감정들이
새싹처럼 돋아나던 날
일곱 색깔 무지개는
각자의 표정으로 철로 위를 걸었다
햇빛도 정말 좋았다
어려웠던 속말도 표현하고
묵은 감정도 살아났다 그래서,
또 하나의 느낌으로
여덟 번째 형제를 따뜻하게 맞이했다
생기가 돌아 삶이 차분해지고 편해졌다
모두의 속마음은 특별한 대우도 없으면서
꽃밭인 양 서로를 키우고 햇빛도 주는
한결같은 마음들이다
길 위에서 영혼까지 사랑할
돌올한 몽클린 인人이여!
우정을 넘어 여덟이면서 하나가 되어
유유히 흘러가자

그 무엇으로도 침범할 수 없는
그 위대한 존귀함으로—

* 몽클린_ 하나로 뭉쳐서 영원히 함께 한다는 순 토박이 말.

달빛 젖은 바다

-안재진 詩伯 영전에

어느 멋진 날
가을 억새꽃보다 더 아름다운
백발에 눈이 부셔 첫눈에 반했습니다

내 손을 뜨겁게 잡아주시던 문학의 거장
붉게 달아올랐던
인연이란 계단의 첫 번째이었지요

당신은
고향 언덕 사과 꽃향기로
문학의 강을 걸으며 마냥 들떠 있었지요

충정로 어느 호프집에서-
억수로 비 오던 날 허름한 음식점에서-
환희로 멀미하듯 이 시대 최고의 인문학자를 만났지요

은혜와 지성으로 버텨온 세월
한바탕 세상을 일으키는 강물처럼
품위를 잃지 않고자 혼자 고독해야만 했던
지난 시간이 이렇게 깊이 가슴을 치는 이유는 무엇인가요?

그렇게 시간이 없으셨던가요?
감히 '안녕'이란 말 한 마디 남기지도 아니하시고
그 먼 길을 어찌 혼자 감당하시려고 그리 황망히 떠나셨나요

당신의 세월 78년
홀로 가슴을 때려도 착각의 시학과
올곧은 시인의 길만을 고집했던 외로운 별이시여

이승에서의 그 긴 고독의 여정을 접으시고
그동안 피워냈던 인연의 향기들을 가슴에 담아

천상의 꽃을 찾아 떠나는 당신은
참으로 맑고도 깊은 푸른 밤의 별이십니다

이왕 가시는 길,
뒤돌아보지 마시고 떠나십시오
라비린토스 찾아가는 별의 노래처럼
그냥 당신의 자유를 향해 날아가세요

달빛 젖은 바다에 인연의 편지를 쓰시어
영천 하늘에 소시집 한 권 남기시기를 소원합니다
부디 그곳에선 건강하시라
가시는 길 목마르게 배웅합니다

—

5부

—

늦봄의 꿈

—

시간의 문

긴가민가한 얼굴들이
언제부턴가 문밖에서 기다리고 있다

보고 싶다
만나고 싶다

새순 돋는 들꽃에서
바람이 일고
눈물 마른 삭신의 심장이
끊어질 듯 흔들린다

기다려라 -
한 가슴 무너지도록
퓨야 라이몬디*의 척박한 삶을 생각하며
만개할 꽃의 향기를 그리며-

오래오래
문 밖에서
통일의 문이 열릴 때까지

*퓨야 라이몬디(pura Raimondii)_ 자신의 꽃을 피우기 위해 백년을 기다린다는 식물로 100년째 되는 해에 600만 개의 씨를 품은 수천 개의 꽃을 일시에 피운다고 함.

망향초望鄕草

그토록 기다려도 애를 태워도
무너지는 가슴은
일어날 길 없고

밤이면 외로워
철책 위에
달님으로 피어나는
노오란 망향초

통일이여!
빛과 어둠 그 칠십의 길에
바람이여-
바람개비를 돌려다오

그 하나 되는 길 위에
시든 꽃도 피어나고

산새도 재잘대는
간절한 통일의 꽃으로
피어다오

늦봄의 꿈

그리워 애달픈 눈물
통일의 강 되어 흐르고

늦봄은 잊힌 고향을
몰래 다녀온다

밟힐 듯 말듯
아직도 지워지지 않는
긴 설움의 그림자 하나

더 이상 기다릴 수 없는
망향望鄕의 한恨
늦봄은 또 그렇게
통일을 부르며 가고 있다

달

기다림의 뼈들은
오늘도 달빛 창가를 지나다닌다
날갯짓으로 퍼덕이던 새들조차 모두 떠난
북쪽 하늘엔
지친 그리움 묻으러 가는
상여들이
외등처럼 줄지어 서 있다
창백해진 겨울나무는
서로 다른 두 방향으로 뿌리를 뻗는다
당당하게
때로는 처연하게

또 그렇게 오고 있는 봄

-失鄕

수시로 색깔 바꾸는 세월 앞에
가슴속에 묻어둔 편지를 읽다 말고
흐려진 남북의 창밖을 본다
관棺을 메고
예순 여덟 개의 비탈진 계단을 숨 가쁘게 오르는
산역山役꾼의 모습은 당당한 시간들과 맞선다
그 시간 속에는 흙으로 빚어진 슬픈 목숨들이
분주히 오르내리고 있다
서로를 찾으며 부르다만 슬픈 봄은 또 그렇게 오고
바람의 통신도 없고 벽이 없는 장벽 하나
작은 새 한 마리 숨죽이며 산을 넘을 뿐
아직도 버리지 못할 희망에 기웃거리는
이 생소한 기억의 이별 장면
그 해방구는 보이지 않는다
순결한 기억의 강기슭
속으로만 흐르던 해맑은 수채화 소리는 들리지 않고
이제 늙어버린 강울음 소리만

잔영 같은 빈 메아리로 돌아와
먼 산등성이에 쌓인 잔설만
시린 그리움으로 녹이고 있다

차마 닿을 수 없는 큰 울림의 속내다

소통疏通

그래도 가끔은
깊이를 모르는 저마다 가슴속에
뜨거운 사랑 이야기 한 토막 안고 산다
없는 것을 있는 것처럼
있는 것은 없는 것처럼
닫힘의 속도는 오래된
망설임 앞에 그렇게 출렁인다

내가 조용히 서 있는 곳에서
먼저 문을 두드리면
오래된 희망 몇 장
문이 열리고
살며시 숨 토하며
제 속의 붉은 마음 열어 보인다

그것은 검푸른 바다 위에 파도치는
밖과 문 안의 길

DMZ
웃으며 넘어야 하는
아름다운 부대낌이다

유월

- 2018. 4. 27 DMZ

울퉁불퉁
크다가 만 유월 역사
보이지 않는 긴장
악수보다 마음이 먼저 닿았다

70년 세월
참한 서로의 손이 자석이 되었다

발걸음만으로도 넘을 수 있는
그 낮은 경계선을
이제야
무거운 미소로 다짐하며 넘고
또 넘었다

손잡고 걸었다
평화를 원하는 우리라고
뿌리 깊은

서로 쌓였던 이야기들을
실타래 풀어내듯 풀었다

초여름의 밤은
별빛으로 더욱 서로를 향해
타들어 갔다

통일 나무

-무궁화

지난 날
방패 없는 가슴과
빛을 볼 수 없었던 꺾여진 양심
색깔이 번져 버린 지난날의 옷깃들
이제 여기
흩어진 사랑 한곳에 심어
단재 선생과 을지문덕 장군의
나라사랑 정신으로
매일매일 새로운 꽃을
피워 내는 지조 있는
한국의 빛으로
백의민족의 가슴으로
백두산 얼을 담고
한라산의 정기를 이어 피었으리
『한 잎은 황해 발해를 건너 대륙을 덮고
또 한 잎은 만주를 지나
우슬리에 늘어졌더니

어이해 오늘날 이 꽃이 이다지도
여의었느냐』라고
울부짖던 단재 선생의 지순한 사랑
영원으로 간직하니
이 어찌 한쪽만의 자유라 하겠는가
이쪽저쪽 하나 되는 그날
통일 나무 민족의 꽃으로
숭배하리라

비무장지대

봄볕 움트는 생명들 앞에
북서풍 같은 70 평생
신 새벽으로 버티며 살아왔다

그 버팀의 시간들은 눈물로 번지고
녹슨 철조망에 허리를 휘감긴 통증은
마음에 틈을 새겼다

다시 태엽을 감아야 하는 정지된 땅
수많은 별들은 바쁘게 싹을 틔우고
푸른 정맥을 가르는 철새는 화룡火龍 숨결 불어 넣는다

천상의 땅 자연의 보고 앞에
간절한 통일의 바람
풍문으로 끝나지 않기를 기도하며
가슴 찢는 섬광 철 시린 평원을 바라본다

3.1독립만세 100주년

-윤동주님을 생각하며

그의 별은
아직도 식지 않는 스물일곱
이국의 땅에서
오늘도 바람을 맞는다

아침저녁
파랑 하늘 바라보는
부끄러운 향기는
슬픔의 동경으로 차갑다

오늘
흔들리지 않을
작은 배를 띄워본다

강물처럼 흘러온
당신의 조국은
아직도 바람이 불고 있어

따스한 바람과 차가운 바람이

독립만세 100년의 봄날

-2019년 3.1절에

독립은 생명이다
100년은 꿈이고 희망이다
조국은 사랑이고 만인의 평화다
봄은 언제나 애국지사의 가슴에서 시작된다
순국선열들이 시린 눈을 헤집고
평화의 새싹들을 피워 올리는 봄
생각만 해도 그날의 독립과 사랑과
너른 정의가 되살아나는 그리움이다
홍매화도 봄볕 속에서 만세만세 피어나고
양지바른 모퉁이엔 노란 민들레도 피어난다
통일도 평화롭게 걸음걸음 피어오르고 있다

백두에서

압록강도 보았다
두만강도 보았다
송화강도 보았다
휘어진 자작나무 흰 살결에서
서러운 역사를 보았다

하얀 머리 천지 거품돌浮石 띄워
비룡폭포 물길 따라 송화강
고구려 땅 우리 민족 기백이
붉은 마그마로 용솟음쳐
동북공정 그 거짓 바람을
걷어내길 간절히 기도한다

천지天池를 바라보며

천년 비경
그윽한 푸른 물결
너를 만나러 왔다
그 먼 날의 광활한 민족의 땅 밟으며
옥수수 밭 돌고 돌아 성산의 물맛 보려고 왔다
당연히 너의 얼굴 쉽게 보여주지 않으리라
마음 다짐했지만
말간 해동성국 그 자태를 보고자
며칠 밤을 설쳐대고
자작나무 숲 헤치며 여기까지 왔다
겨울옷도 챙기지 못한 나에게
너는 매서운 찬바람 물안개로
한바탕 회오리치고서야
민족의 영산답게 얼굴 내밀어
심장을 멈추게 하는구나

송화 강변에 난전을 차리고
바쁘게 움직이던
고구려 역사가 물결치는 이 땅
너무도 슬픈 발해국의 계란鷄卵이
장백의 온천수로 익혀지고
힘찬 말발굽 소리 들려온다

살구나무 아래

초여름 새벽녘 당신을 찾아갔지
진실과 다른 동북공정東北工程 울타리에 막혀
갈 수 없다는 거기를
부슬부슬 내리는 물안개를 방패 삼아
시인 넷이 숨죽여 달려갔지
당신이 묻혀 있다는 그 살구나무 아래
거역 못할 오랜 기다림의 설렘으로-
그러나 당신은, 푸른 잔디 없는

황토 빛 그리움만 남아 있었지
질박하게 살아온 흔적만이
동산 어딘가 풀꽃으로 피어나고
그 젊었던 부끄러움의 고뇌는 끝이 없고
시인은 말없이 가슴만 뛰게 했지

지금 그대의 가슴에 안기는 일은
오직, 당신의 향기로운 영혼을 모아

당신의 그림자가 되어주는
살구나무 붉은 열매가 먹음직스럽게
익어 가기를 바라는 마음뿐이지

술 한 잔 올리고
쓸쓸하게 돌아서는데
살구나무 아래 표지석에 새긴 글씨가

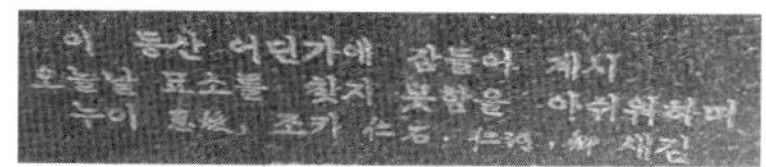

흐릿하게 공항까지 따라왔다

그곳에는 더 이상
잎새에 이는 바람은 없다며-

*

작품 해설

*

김경수 아홉 번째 시집

《기수역의 탈선》

*

*

*

백두산 장백폭포

작품 해설

찬찬한 시 형식 더 밝은 시세계 추구

李 姓 敎
시인·성신여대 명예교수

1. 삶의 출발지 고향

그 사람을 똑똑히 알자면 먼저 출발지인 고향부터 아는 것이다. 그래서 처음 만난 사람도 어느 정도 말이 통하면 고향을 묻는다.

김경수 시인의 고향은 한국 농촌의 좋은 본보기를 보여주는 시골(장수군 천천)이다. 가장 순수했던 유소년 시절의 고향 거기에서 전개된 자연이 그의 생애 가운데 늘 정신의 큰 자양분으로 녹아나 있다. 그래서 그의 시에는 늘 생활표현의 중요한 소재로 등장되어 더 부드러움과 싱싱함과 향기를 더해준다. 김경수 시인의 시가 많은 사람들에게 감동을 주는 것은 이 탓이다.

내 생일은
홍자색이 물드는 사월이다

내 고향은 강태공이
금강錦江에 낚시 드리우고
송탄어적*을 만들었던 장수 천천天川이다

학교를 마치고 집으로 가는 길
흐드러진 자운영 꽃 들녘에 누워
도시를 향하던 열세 살 소년
하늘에 눈물 그림 하얗게 그렸다

오늘 그 비가 내린다
붐비는 도심을 빠져나가
고향 하늘 아래 함께 누웠던
자주빛 사투리를 만나고 싶다

—〈자운영 꽃〉 전문

* 송탄어적(松灘漁笛)_ 장수읍 서북으로 20리쯤 되는 지점 천천면 춘송리 송탄마을 앞을 흐르는 금강 상류 내를 말한다. 울창한 숲과 맑은 물 때문에 20여 가지의 물고기가 서식을 하고 있어 풍류객들의 놀이터요 낚시터가 되었다는 것이다. 구전으로 내려오는 송탄어적시(松灘漁笛詩)가 있다.

찔레꽃 피면 고향으로 돌아갈까
꽃잎 같은 아픔으로

눈부신 달빛 속
그대 기다림에 지친 마음 시려서
막차도 서럽게 떠났던 밤

그대가 좋아하던
양지바른 돌무더기
기다림은 햇살에 부서지고
통금을 알리는 긴 사이렌 소리
끊어질 듯 서러워

찔레꽃 피면 봄 하늘 가득
흰빛으로 찾아들던 배고픔

햇살을 구슬려 핀, 저 질박한 꽃송이
그 달콤 쌉쌀 아련한 향기에 취해
허기짐을 잊게 해주던

찔레꽃 피면
나, 고향으로 돌아가리

—〈찔레꽃 피면〉 전문

이 두 편을 보아도 남다른 고향의 정경을 잘 볼 수 있다. 특별히 전편 〈자운영 꽃〉에서는 장수 천천天川면 춘송리 송탄마을 앞을 흐르는 냇물과 함께 풍류객들의 놀이터요 낚시터가 되어 구전으로 내려오는 송탄어적시松灘漁笛詩가 있다는 소개까지 하고 있다.

제1연에서 크게 눈길을 끌고 있다. 〈내 생일은/ 홍자색이 물드는 사월이다〉로 시작해서 제3연 〈학교를 마치고 집으로 가는 길/ 흐드러진 자운영 꽃 들녘에 누워/ 도시를 향하던 열세 살 소년/ 하늘에 눈물 그림 하얗게 그렸다〉의 그 시절 그 길을 그렸다.

그 다음 후편 〈찔레꽃 피면〉도 아주 고향의 그리움과 함께 비애정서가 잘 나타나있다. 앞부분 〈찔레꽃 피면 고향으로 돌아갈까/ 꽃잎 같은 아픔으로// 눈부신 달빛 속/ 그대 기다림에 지친 마음 시려서/ 막차도 서럽게 떠났던 밤〉에서도 이별의 설움을 그리고 있다. 이 시에서 아픔의 절정이 제4연에 〈찔레꽃 피면 봄 하늘 가득/ 흰빛으로 찾아들던 배고픔〉으로 잘 나타나고 있다.

위에서 본 고향의 자연은 우리에게 늘 깊은 사랑을 줄뿐만 아니라 큰 힘이 되어주기도 한다.

그는 누구보다도 목표가 뚜렷한 사람이다. 그것은 먼저 삶의 방향을 하나님 중심으로 산다는 신앙을 굳건히 하고 거기에서 좋은 시를 써서 하나님을 영화롭게 한다는 것에 중점을 두고 있는 것 같다. 그래서 신앙시도 많이 쓰고 있다.

이런 정신에서 시를 꾸준히 써서 많은 시집을 내고 있다. 굳이 여기에서 열거하면 제1시집 《도시 아가미》, 제2시집 《미니스커트와 지하철》, 제3시집 《사람들은 바람을 등지고 걸으려 한다》, 제4시집 《바위풀》, 제5시집 《안개바람, 안개비》, 제6시집 《물꼬》, 제7시집 《도돌이표》 제8시집 《서툰 곡선》 등을 내고 이번에 아홉 번째 시집 《기수역의 탈선》을 낸다.

그의 시 출발에서 지금까지 40여 년간 많은 시집을 내었으니 그의 목표대로 시를 위해서 살았다는 것이 증명된다.

그는 시뿐만 아니라 평론도 많이 써서 이론이 밝은 사람으로도 알려져 있다. 평론집 《상상의 결이 청바지를 입다》가 그것을 잘 말해주고 있다. 그는 현재 종합문예지 《착각의 시학》 편집인으로 있으면서 시와 평론을 겸하여 창작을 하고 있다.

2. 큰 것의 꿈 바라는 영화

한 역사, 한 인물의 배경에는 반드시 보이지 않는 사람의 기도가 있다. 수작 〈야베스의 기도〉가 그러한 배경에서 이루어졌다.

지경의 문을 열어 주십시오
옥빛으로 그윽한
마음의 창문을 살포시 열어 주십시오
그 언젠가 우물 속에 일렁이던
사랑의 그리움
당신의 품속까지 들어갈 수 있는
비단길
그 길 위에서 당신을 만날 수 있게
구름과 바람의 근심을 막을 수 있는
좁은 문을 열어 주십시오

그 가슴에 뺨 부비는
나날이고 싶습니다

―〈야베스의 기도〉 전문

이 시에서 볼 수 있는 대로 야베스의 개인 기도가 아니라 야베스를 통하여 시인 자신의 높은 세계를 노래하고 있음을 볼 수 있다. 즉, 큰 것의 꿈이 이루어지기를 바라는 시다.

불과 2연밖에 안 되는 짧은 시지만 그가 바라는 세계가 무지개처럼 열려 있다. 〈지경의 문을 열어 주십시오〉라고 첫소리부터 우렁차다. 다시 〈옥빛으로 그윽한/ 마음의 창문을 살포시 열어 주십시오〉가 〈우물 속에 일렁이던/ 사랑의 그리움〉으로 연결되어 있다.

우선 이 시 속에 등장하는 〈야베스의 기도〉라는 제목으로 자신의 신앙을 고백한 것은 신앙의 높은 차원이다.

이번 시집에서 보는 신앙의 아름다움은 〈아버지의 바지랑대〉 〈홀로 빛나는〉 〈춘곤증〉 〈더디게 가는 길〉 〈내일〉 등에서 짙게 찾아볼 수 있다. 단순한 기도의 시가 아니라 생활 속에서 찾는 높은 수준의 시들이다.

〈홀로 빛나는〉 시에서 보더라도 높은 신앙의 수준을 찾을 수 있다.

제1연에서 〈좁은 문을 지그시 열어놓고/ 눈이 맑은 표정으로/ 어둠을 부드럽게 태우고 있다〉, 마지막 연 〈잔별들이 드리운/ 멍든 세상에서도/ 홀로 빛나는 당신은/ 내게 남은

시간의 전부입니다〉

〈더디게 가는 길〉에서 〈배롱나무꽃이/ 유혹의 빛을 보낸다/ 세상은 나를 바람으로 간질이며/ 술잔을 들라 유혹한다〉 이것을 보더라도 그가 생활 속에서 지키는 믿음이 얼마나 큰가를 잘 알 수 있다.

오늘 우리 기독시문학계를 보면 좀 엉성한 데가 많다. 말로는 기독교 정신을 노래했다고 하지만 우선 시 자체로서의 엉성함이 많다는 것이다. 성격적으로 무슨 시든 간에 기본적으로 시가 갖춰야 할 기본 형식을 지니고 있어야 한다.

오늘 우리 기독교시단엔 기독교 정신으로 무슨 설교를 늘어놓은 듯한 작품도 꽤 있다는 것이다. 이런 상황에서 김경수 시인은 독실한 신앙으로 시의 기본을 잃지 않은 채 생활을 표현하고 있다. 그의 마음속에 지닌 깊은 사랑, 사물을 바라보는 아름다움, 진실을 시에 잘 담고 있다.

그의 일반시 옛날을 되돌아보는 시에도 눈물겨움 같은 것이 잘 나타나 있다.

상수上壽의 세월
폭풍우 몰아치는 질곡의 삶을

부단하게 건너온
풋풋한 시절의 열네 살 소녀

당신의 더딘 식사와 식은 밥알
주름의 골이 촘촘한 살갗은
한평생 고뇌와 기쁨으로 새겨진 활력이다

밤새 삭신이 쑤신다는
삭정이 같은 뼈마디의 당신을 보고 있노라면
목울대 가득 체기로 숨쉬기가 편치 않다

신열이 난다
시간의 목덜미를 쓰다듬는 오후의 노을처럼
하염없이 받아 먹어야 할 내 첫사랑의 소화제

당신을 생각하면
나도 모르게 솟구치는 허기와 체증
일백 년을 향해 순항하는
당신의 가파른 항해의 길에
밤사이 찬바람 불어올까 두려워진다

이 한세상
우주의 또렷한 시계 소리가 멈추는—

—〈체기〉의 전문

노래하고자 하는 대상이 우선 특이하다. 체기로 말하라면 체내에서 일어나는 변동 체증을 말하는 것인데 흔한 제목의 시가 아니다.

이 시 첫 연에서 보는 〈풋풋한 시절의 열네 살 소녀〉부터가 문제가 된다. 그 소녀는 본문에 있는 그대로 폭풍우 몰아치는 질곡의 삶을 부단하게 건너온 주인공이다. 이 시는 여러 정황으로 봐 상수의 세월을 산 어머니를 노래한 시다. 2, 3연에서 보는 험난한 삶 〈당신의 더딘 식사와 식은 밥알/ 주름의 골이 촘촘한 살갗은/ 한 평생 고뇌와 기쁨으로 새겨진 활력이다// 밤새 삭신이 쑤신다는/ 삭정이 같은 뼈마디의 당신을 보고 있노라면/ 목울대 가득 체기로 숨쉬기가 편치 않다〉가 그 생활을 잘 드러내고 있다.

더욱 눈시울을 뜨겁게 하는 것은 끝부분(5, 6연) 〈당신을 생각하면/ 나도 모르게 솟구치는 허기와 체증/ 일백 년을 향해 순항하는/ 당신의 가파른 항해의 길에/ 밤사이 찬바람 불어올까 두려워진다// 이 한세상/ 우주의 또렷한 시계 소리가 멈추는—〉 이 시에도 눈에 보이지 않는 내면세계를 잘 그리고 있음을 볼 수 있다.

3. 작품 형식에서 보는 탄탄함

좋은 작품의 양상은 우선 겉으로 보아도 그 짜임새와 그 다음은 표현의 묘미다. 이 이외에도 여러 특성이 있지만 대체로 주제를 향한 여러 요인을 들어 말하는 경우가 많다. 그것도 겉으로 드러난 형식문제가 언제나 앞서는 것이다.

김경수 시인의 시작품은 대체로 짧다. 그 짧은 시 형식에서 보는 잘 선택된 시어, 간결한 표현이 그의 시를 더욱 높은 경지로 올리고 있다.

어두운 나라에서는
달을 물어 가려다가
너무 차가워서 물어가지 못했다
하신다

어두운 나라에서는
해도 물어 가려다가
너무 뜨거워서 물어가지 못했다
하신다

어머니 나라에서는
해와 달과 별도 물어갈 수 있어

참 좋다
하신다

—〈자장가〉 전문

아주 짧은 시다. 불과 3연밖에 안 되는 시라도 어머니 나라의 속마음이 깊이 담겨져 있다. 그러면서 표현으로 볼 때 다 아주 경색되지 않고 부드럽다. 자장가 속에 나오는 어머니 말씀 아주 재미있게 표현되어 있다.

1연과 2연의 대조적 말씀 〈달을 물어 가려다가/ 너무 차가워서 물어가지 못했다〉와 〈해도 물어 가려다가/ 너무 뜨거워서 물어가지 못했다〉가 그것이다.

그의 우수한 많은 시에서 이와 같은 짧은 구조의 시, 간결한 표현의 시를 많이 볼 수 있다.

저 멀리 산 넘어 붉음이 떠오를 때
내 탄생의 뜻은 고향 길 묻고
은혜롭게 건너온 시간의 물결은
2019년 봄을 접하긴 아득히 멀다

시간 줄에 주렁주렁 매달린 과거는
순간으로 떨어지고

허전함만 가득한 이곳에는
고난과 시련도 있었지만
감사할 일도 많이 있었다는
내 안의 위안으로

그렇게 찾아온 새해의
새 한 마리

—〈새해에 찾아온 소리〉 전문

성격적으로 새해 새 마음 새 희망을 담는 것이 보통인데 이 시는 그것을 넘어선 또 다른 세계를 보여주고 있다. 그런 의미에서 문학성이 높은 시라고 할 수 있다. 제1연에서 〈내 탄생의 뜻은 고향 길 묻고/ 은혜롭게 건너온 시간의 물결〉, 제2연 〈고난과 시련도 있었지만/ 감사할 일도 많이 있었다는/ 내 안의 위안으로〉, 제일 끝(3연)에 〈그렇게 찾아온 새해의/ 새 한 마리〉 — 살아온 길을 돌아보며 새해에 찾아온 새 한 마리처럼 밝게 굳게 살 것을 보여준 시다.

이 이외 사회성이 강한 시에도 그의 빈틈없는 시작법이 잘 적용되어 있음을 본다.

그의 몸은
하늘에서 배당받은 만큼만
반짝이며 떨어지는
물빛이다

저녁 해거름
막사발의 막걸리처럼
황소가 탁탁하게 울부짖는
소리다

바닥을 치며
흐르다가
노래방의 반주처럼 솟구치는
선글라스를 써야 하는 눈부심이다

웃통을 벗어 재낀
정직한
여름의 정점에서
한 줌 재로 사라져갈
붉은 종이꽃

—〈주식〉 전문

이 시도 짧은 시임에도 단조롭게 보이지 않는다. 그의 풍부한 감성, 부드러운 표현으로 시 형식의 자유로움을 잘 보여주고 있다.

제1연 〈그의 몸은/ 하늘에서 배당받은 만큼만/ 반짝이며 떨어지는/ 물빛이다〉 마지막(4연)연 〈웃통을 벗어 재낀/ 정직한/ 여름의 정점에서/ 한 줌 재로 사라져갈/ 붉은 종이꽃〉에서 군더더기가 하나 없고 짬짤하게 표현되어 있다. 이 시 끝에서 인생 삶의 허점을 한 줌 재로 사라져갈 〈붉은 종이꽃〉에 비유해 노래한 것이 아주 인상적이다.

그 다음 좋은 시의 질은 주제 선택과 함께 그것을 위한 표현이다. 어쩌면 시 표현을 시 창작 가운데 제일 큰 무기라고도 볼 수 있다. 시 뿐만 아니라 모든 문장에서 효과적인 표현 수단으로 동원되는 수사학 차원에서도 중요하다.

시에서 많이 쓰이는 비유법 한 분야만 하더라도 자세히는 여러 갈래가 있다. 그중에서 제일 많이 동원되는 것은 직접표현과 간접표현이다.

김경수 시인이 쓴 많은 시에서 비유 기법이 활용된 좋은 표현을 여러 곳에서 쉽게 찾아볼 수 있다. 그 표현에 있어 뛰어난 묘사를 보면 다음과 같다.

* 〈순천만〉에서 —

"태고의 역사는 황금빛 선율"

"갈대는 일제히 진흙뻘 속에/ 찰진 심지를 내린다"

"덤불속 풀잎의 이슬은 옥 같은 아침을 먹는"

* 〈느껴봄〉에서 —

"또 붉은 동백의/ 흔적을 찾는 사람에게도 봄은 오고/ 이 땅의 칼날 같은 겨울은/ 원색의 강렬함으로 생을 밀어 올린다"

"사월은 술맛처럼/ 졸음이 쏟아지는 향기를 몰고/ 느릿느릿 걸어 나와"

* 〈폭설〉에서 —

"고드름보다도 더 예리한 음성의 기상 캐스터"

"아직 녹지 못한 위선의 뿌리는 폭설로 묻힐 것이다"

* 〈쐐기벌레〉에서 —

"백수의 어머니는/ 내 이름을 분명히 부르고 있다"

"어머니의 삭신은/ 껍질 벗겨진 삼대처럼 속은 텅 비었고/ 만져지는 살결은 엷디엷어 슬프다"

"그래도 어머니는/ 돌아갈 길 없는/ 열네 살의 봄 마당에서/ 오늘도/ 지상의 햇살을 고르고 계신다"

이 네 작품에서 보는 뛰어난 표현은 독특한 비유로 작품을 높이 격상시키고 있다.

이상으로 그의 시를 살핀 결과 보통 시인이 아님을 알았다. 그는 확실히 자기 나름의 시관을 갖고 목표를 뚜렷이 하여 좋은 시 쓰기에 정열을 다하고 있는 시인임을 알았다.

서툰 곡선

시인의 이번 시집이 바로 신의 선인 곡선에 이르려는 노력으로 가슴을 친다. 모든 씨앗과 꽃과 잎새와 열매 등등, 모든 신의 창조물은 곡선임을, 살아있는 생명 자체가 곡선 지향임을 짧지 않은 시인 경력에서 도달한 〈서툰 곡선〉으로 표현했다.

-유안진(시인, 대한민국예술원 회원)

도돌이표

2009년 한국문인협회 작가상(구, 월간동리상) 수상작

시인은 '잘난 글' 쓰기를 포기하고 대지로 나간다. 숲에 나가보니 뻐꾹새 울음이 들리고 잎새들은 봉우리를 터뜨린다. 시인은 그 모습이 얼마나 순수한 언어인가를 깨닫는다. -이승하 (시인·중앙대 교수)

물꼬

김경수 시인의 시적 지향이나 태도는 자기만이 즐기고 마는 자기 도취적이거나 자기 배설적인 시보다는 현실에 대해 말하거나, 독자에게 다가가는 시, 독자에게 '애달픔'을 주는 시, 즉 공감에 기여하는 시이다. -고명수 (시인·동원대 교수)

안개바람 안개비

시인의 눈은 정확할 수밖에 없다. 기쁜 것, 슬픈 것, 얄미운 것들을 보면서 본 대로 느낀 대로 써내는 게 시인들의 몫인데, 이 부분에서는 김 시인이 누구에게도 빠지지 않는다.

-성기조 (시인·국제PEN펜클럽 한국본부 회장)